# 异想天开 创意纸浆

黎聲題

## 纸浆艺术课程教材


顾　问　陆建亮
主　编　秦永芳
副主编　孙　惠
编　委　周孝贤　朱茗卉
　　　　郝超见　陈　岑



苏州大学出版社
Soochow University Press

**图书在版编目(CIP)数据**

异想天开　创意纸浆/秦永芳主编. —苏州：苏州大学出版社,2019.7
纸浆艺术课程教材
ISBN 978-7-5672-2853-5

Ⅰ. ①异… Ⅱ. ①秦… Ⅲ. ①纸浆－纸制品－生产工艺－小学－教材 Ⅳ. ①G624.751

中国版本图书馆 CIP 数据核字(2019)第 136341 号

书　　名：异想天开　创意纸浆

顾　　问：陆建亮
主　　编：秦永芳
策　　划：刘　海
责任编辑：刘　海
装帧设计：刘　俊

出版发行：苏州大学出版社(Soochow University Press)
出 品 人：盛惠良
社　　址：苏州市十梓街 1 号邮编:215006
印　　刷：苏州工业园区美柯乐制版印务有限责任公司
网　　址：www.sudapress.com
E-mail：Liuwang@suda.edu.cn　QQ：64826224
邮购热线：0512-67480030
销售热线：0512-67481020

开　本：889 mm×1 194 mm　1/16　印张：7　字数：79 千
版　次：2019 年 7 月第 1 版
印　次：2019 年 7 月第 1 次印刷
书　号：ISBN 978-7-5672-2853-5
定　价：39.00 元

# 序 言 FOREWORD

走进苏州高新区狮山实验小学校，我发现有一批老师正钻研着一个艺术项目，一群孩子围在一起创造着自己的艺术天地，一个展厅里展示着别致的艺术作品。这就是苏州高新区狮山实验小学校的美术特色教学项目——纸浆画。

如今，狮山实小正将纸浆艺术作为一种特有的艺术表现形式进行研究并付诸实施。多年来，狮山实小的美术老师们运用纸浆造型的技法，展开了对纸浆画教学的研究与实践。在教学中，老师们注重培养学生的环保意识、动手能力、创新思维和审美情趣，让学生在纸浆画的创作实践中学到知识、提高能力。这一教学实践为学生创设了一个发挥想象能力与动手制作能力的自由空间，激发了孩子们的学习热情，使他们的主体地位更得以彰显。

令人欣喜的是，经过大量实践和总结，狮山实小的美术老师们把已有的教学成果汇编成册，编写了《异想天开　创意纸浆》一书。这本美术教材是赠予孩子们最好的礼物，它将陪伴孩子们在纸浆画的艺术园地里自由翱翔。相信假以时日，纸浆画教学必将结出更加丰硕的成果。

苏州市美术教研员 沈南强

戊戌年八月初二于苏州

# 目录 Contents

# 第1课　走进纸的世界

## 纸的历史

纸，是用植物纤维制造，能任意折叠用来书写的非编织物。

纸在2200年前的西汉初期已有，但那时的纸还很粗糙，不被广泛应用。公元105年，蔡伦总结前人的经验，改进了造纸术。造纸术的发明大大促进了文化的传播与发展。

在我国，纸浆艺术是一种特有的艺术表现形式。人们可以通过对纸浆造型艺术的研究，学习其造浆过程，并运用纸浆造型的技法，在艺术和设计的领域里创造出异样的精彩！

蔡伦(61—121)字敬仲，东汉桂阳郡人。中国古代四大发明中造纸术的改进者。

## 纸的艺术品

纸浆画

衍纸作品

纸建筑

剪纸

## 纸浆作品技法分类

纸浆美术作品的形式丰富多彩，主要有平面纸浆、浮雕纸浆、立体纸浆。

平面纸浆：先将纸浆染色，再平铺，画面工整精致。

浮雕纸浆：先填原纸浆，再染色，层次分明，具有浮雕效果。

立体纸浆：将纸浆与废旧材料相结合，制成立体纸浆作品。

创意纸浆作品主要是根据儿童思维进行创作，运用纸浆传情达意，培养孩子的专注力与想象力。

◀杨子涵（11岁）

▶刘恩琪（10岁）

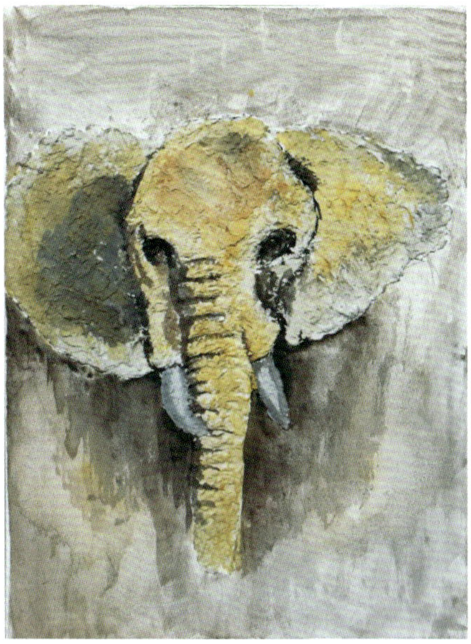

▶沈格宇（11岁）

## 课堂拾贝

了解并掌握传统纸艺术与现代纸艺术的发展历程，掌握表现内容与形式，完成表格。

| 纸产生的时间 | 造纸术的改进者 | 我知道的纸艺术 | 纸浆画的形式 |
|---|---|---|---|
| | | | |

# 第2课 七彩的纸浆

## 工具材料

纸浆艺术是以纸为主要材料进行创作的工艺美术种类，是一种充满童趣的艺术。纸浆画颜色鲜艳，并且具有浮雕效果。纸浆质地柔软、可塑性强、安全无毒，纸浆作品的原材料随处可见，只是制作过程相对有些复杂。

镊子：有尖头镊子、平头镊子、弯头镊子等。

纸张：各种废旧的纸张，如报纸、试卷等。

颜料：水粉颜料。

碎纸机：用于把报纸、试卷初步打碎。

榨汁机：用于把碎纸与水进行搅拌，打成原纸浆。

纸浆罐：用于放调好色的纸浆。

搅拌大勺：用于原纸浆与木胶的搅拌。

搅拌小勺：用于有色纸浆的搅拌。

木胶：与纸浆搅拌，以增强纸浆的黏合度。

沥水篮：沥出原纸浆中多余的水分。

作画底板：可以在木、瓷、玻璃、石、纸等多种材料上绘制。

沥水篮

不同规格的镊子

白乳胶

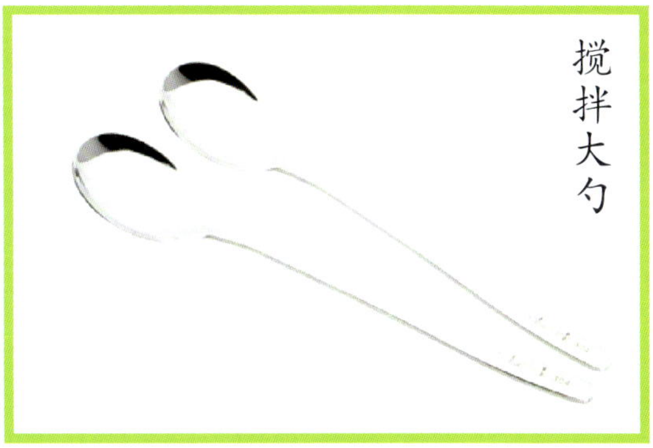
搅拌大勺

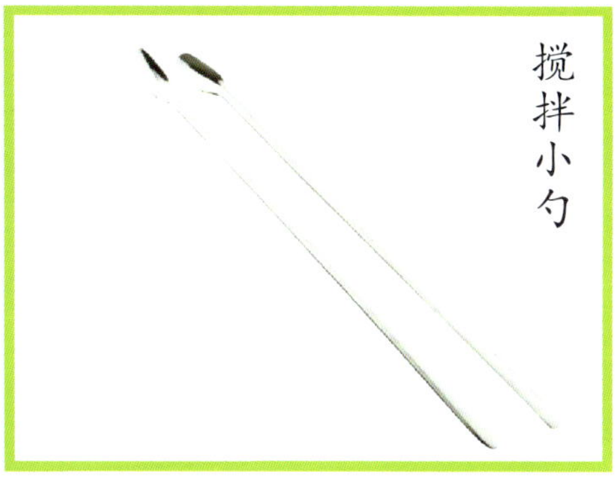
搅拌小勺

水粉颜料

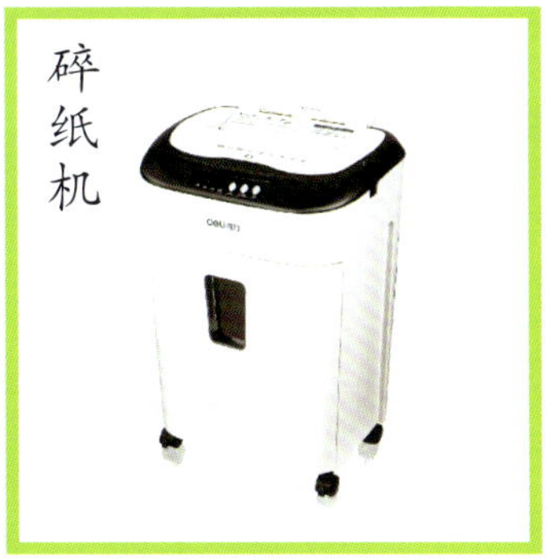
碎纸机

榨汁机

纸浆罐

## 纸浆的做法

1. 将纸放入碎纸机中打碎。

2. 将碎纸放入榨汁机中与水进行搅拌，打成原纸浆。

3. 用沥水篮沥出原纸浆中多余的水分。

4. 将胶与原纸浆按 1:8 的比例搅拌均匀，形成木胶纸浆。

5. 将水粉颜料与木胶纸浆按 1:5 的比例进行搅拌，直至变成色彩均匀的彩色纸浆泥，放入纸浆罐中备用。

6. 可以选择在木瓷、玻璃、石、纸等多种材料上绘制纸浆画。

① 碎纸

② 取纸

③ 加水

④ 打纸浆

## 纸浆画制作注意事项

1. 用镊子把彩色纸浆泥夹到画好的轮廓里，右手拿镊子，左手拿牙签，双手合作把纸浆泥摊开并铺均匀。

2. 纸浆不要粘贴得太多、太厚，纸浆要覆盖整个画面。

3. 不要把纸浆表面压平，要用镊子和牙签压出纸浆的特殊肌理。

4. 各种颜色的衔接一定要严实，使各色纸浆相互形成一个整体。

5. 各色纸浆之间容易混色，所以每做完一种颜色一定要擦干净工具。

## 艺术实践

以小组为单位，分工配合，齐心合力进行纸浆的制作，让我们调制出七彩的纸浆泥吧！

# 第3课　艳丽的花朵

田野里，各种颜色的花儿竞相开放，薄如轻纱的海棠花，亭亭玉立的郁金香，清香淡雅的鸢尾花……远远看去好像是花的海洋。

睡莲

海棠

杜鹃花

## 佳作欣赏

▲花卉（油画·梵高·荷兰）

▲花卉（油画·莫奈·法国）

## 小技法

图 1：先用铅笔画出水仙花的外轮廓，再用粗的勾线笔流畅地勾勒。

图 2：用调制好的纸浆进行细致填色，勾线笔勾的轮廓线要留出来。

图 3：填色时纸浆厚度要适中，保持画面的清洁，每次换色时要注意清洗镊子，防止串色。

图 4：不同色彩的纸浆在接色时要注意自然过渡，背景用平涂法。看，美丽的水仙花在对你微笑呢！

## 素材库

## 学生作品

▲蒋蕙如(10 岁)

▲蒋语萱(9 岁)

▲张劼琦(10 岁)

## 艺术实践

美丽的花朵，春雨把它们浇灌。花儿们竞相斗艳，这儿一朵，那儿一束。红的燃起火焰，粉的荡出霞光，白的散发清香。它们是美的使者，春的精灵。制作时花朵的色彩要与背景色区分哦！

# 第4课 可爱的大熊猫

大熊猫是我们国家的国宝，它体型肥硕，头圆尾短，憨态可掬。可爱的熊猫把中国人民的友谊带给了全世界的朋友。

## 佳作欣赏

◀美食（国画·吕雨萱·9岁）

## 小技法

图1：先用铅笔打稿，再用粗的勾线笔流畅地勾勒。由于纸浆有很强的遮盖力，可以保留勾线笔的痕迹，也可以覆盖。

图2：将调好的纸浆在轮廓线内进行细致填色。

图3：继续添画背景，填色时纸浆厚度要适中，纸浆要均匀地覆盖空白处。每次换色时要清洗镊子，防止串色。

图4：色彩搭配时要注意背景色的选择，将主体物衬托出来。瞧，一只可爱的熊猫完成啦！

## 素材库

## 学生作品

▲ 唐雨彤(11 岁)

▲ 李语涵(11 岁)

## 艺术实践

我们一起来画可爱的大熊猫吧！请注意熊猫的身体姿势，填色时要先铺白色，再铺黑色，不然画面要弄脏的哦！竹竿有节，竹叶两笔、三笔或四笔一组，有点像“人”字、“个”字、“介”字。

# 第5课 自由自在的海龟

我是一只海龟，背着硬硬的壳。我的脑袋不但圆溜溜的，而且很光滑。我的眼睛忽闪忽闪的，鼻子像两个小洞，嘴巴像小花一样张开合上，脖子粗粗的有点短，特别是我的头和四肢可以伸缩。你们喜欢我吗？

## 佳作欣赏

▲砖刻

## 小技法

图 1：用粗的勾线笔勾勒海龟的外轮廓。

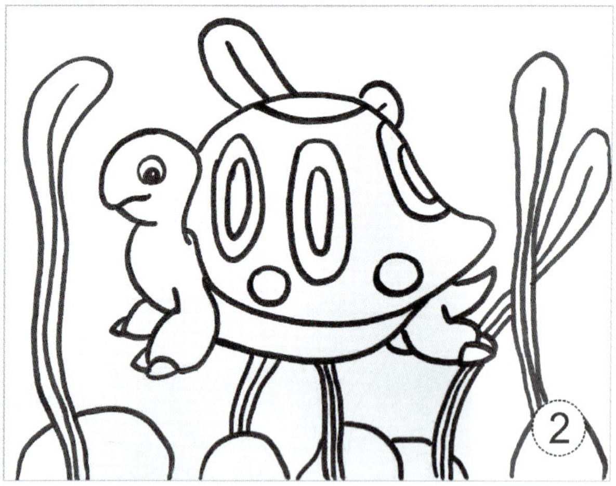

图 2：在空白处为海龟添画出大海的场景。

图 3：用调制好的纸浆进行细致填色。

图 4：添画背景。

## 素材库

## 学生作品

◀李语涵（11岁）

## 艺术实践

圆圆的脑袋，硬硬的壳，扁扁的四肢在水中划，海龟萌萌的样子真是可爱极了。瞧！它正在海中遨游呢，小朋友们赶紧把它画下来吧！

# 第6课　春天的列车

火车开过轰隆隆，带着人们驶向不同的目的地。那美丽的沿途风景，让人无法忘怀，你还记得哪些看过的风景呢？

## 佳作欣赏

▲ 圣拉扎尔火车站(油画·莫奈·法国)

## 小技法

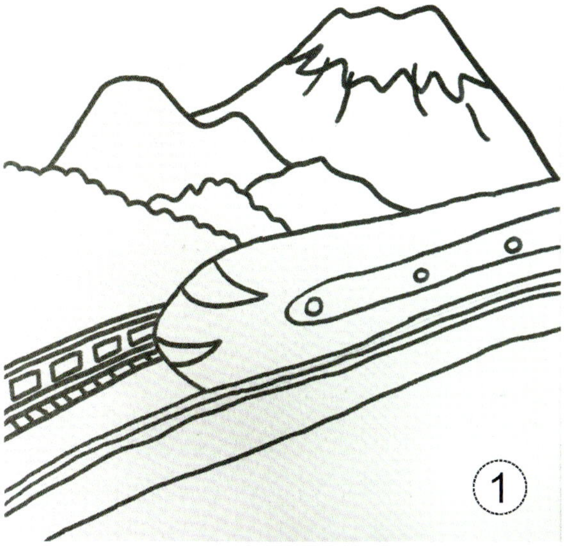


图 1：用粗的勾线笔流畅地画出春天里火车开过的场景。

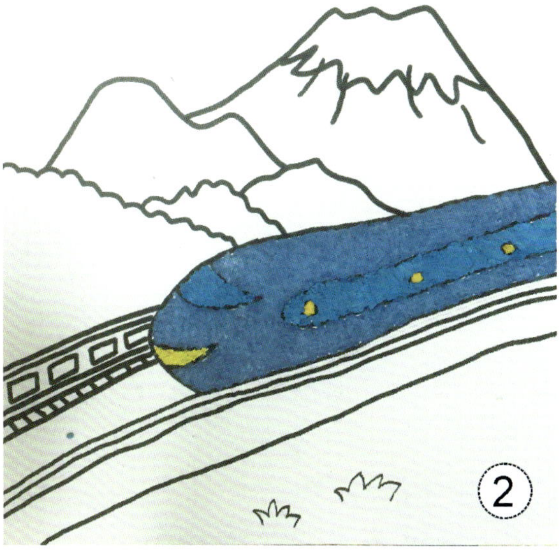


图 2：用调制好的纸浆进行细致填色。轨道的色彩要与列车的色彩区分开来，填色时纸浆厚度要适中。

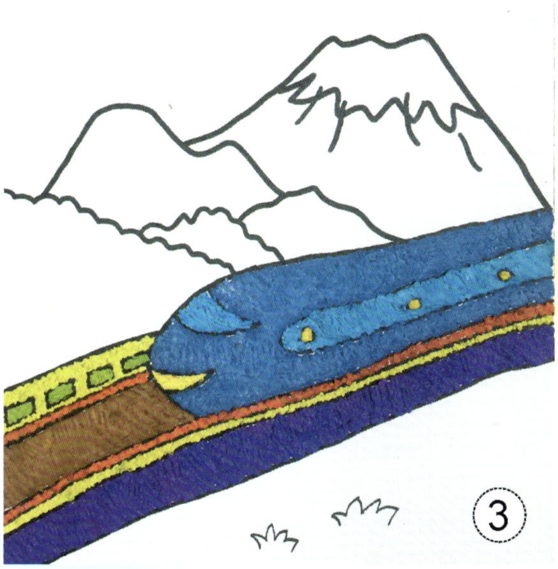


图 3：草地和大山的色彩要根据季节进行相应填色，可以用接色和晕染的方法。

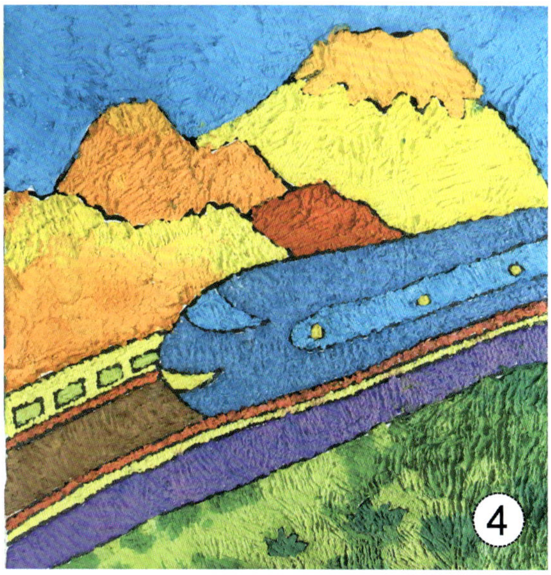


图 4：一幅春天的列车图映入眼帘。

## 素材库

## 学生作品

▲ 刘沭言(10 岁)

## 艺术实践

春天的花红、春天的草绿、春天的色彩斑斓，春天是多么的美呀！请拿起你手中五彩的纸浆创作一列行驶的列车去寻找春天吧！

# 第7课　美好的家园

家园，这个温馨的词语。它拥有这个世界上最美丽的景色，最闪耀的星辰，最怡人的气候……是最温暖、最美好的地方。

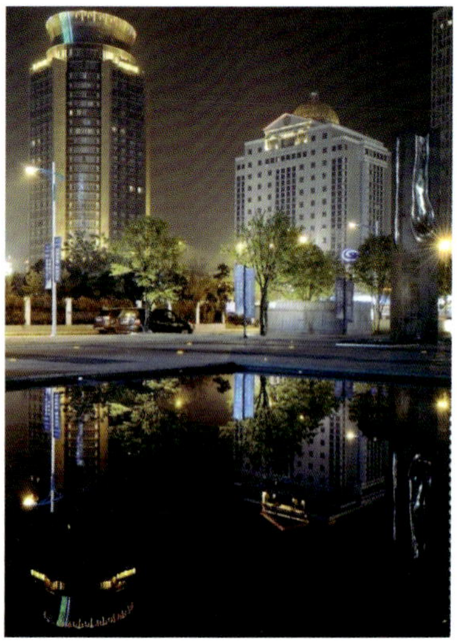

## 佳作欣赏

《春泉小隐图》是明代画家周臣的作品，画中有松石、茅堂，一人堂中伏几假寐，又有一僮堂外洒扫。门前板桥流水，青山平湖，山峦层层。远山用淡墨晕染，和前景的重墨形成对比，富有变化和秩序感。从这幅作品中可以看到古代人的理想生活是多么惬意。

▲ 春泉小隐图（国画·周臣·明代）

## 小技法

图 1：用勾线笔在油画框上画出房屋、树木、山坡，注意物体之间的遮挡关系。

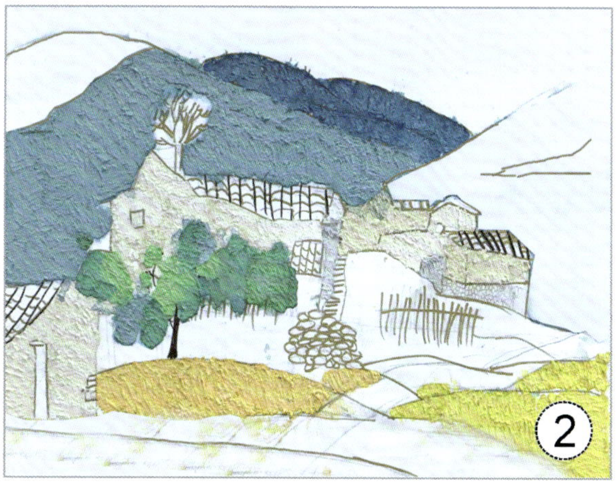


图 2：将调好颜色的纸浆铺在画框上，调色时注意颜色淡雅一些，整体呈灰色调。

图 3：填色时注意前景房屋的纸浆铺得厚一些，后面的山坡和天空铺薄薄的一层就好，这样能够体现出主次关系。

图 4：纸浆部分全部完成后，加入综合材料进行点缀，丰富画面。

## 素材库

## 学生作品

▲蒋蕙茹(10 岁)

▶王雨琪（9岁）

◀费在希、杨逸舟（9岁）

## 艺术实践

家园是温馨的，家园是美好的，请小朋友们仔细观察生活的环境，用纸浆画的形式将自己喜欢的场景描绘出来，并介绍给同学。

# 第8课 开心的雪人

飘雪，渐渐地絮成院子里一块厚厚的白布，被小朋友们用铁锹戳破，小朋友们把它滚成球作为身体，又取来煤球、胡萝卜、树枝……做成五官，一个雪人就堆成了。男女老少看见了都乐呵呵的！

## 佳作欣赏

▲雪人（彩笔画·赵雨琪·9岁）

## 小技法

图 1：先用铅笔在油画框上画出雪人的形象。

图 2：在雪人周围加上树、房屋、礼物盒等背景，使画面饱满。

图 3：调制所需纸浆并进行细致填色。

图 4：等到背景填满后，一个开心的小雪人就出现啦！

## 素材库

## 学生作品

▲马吴月(10岁)

## 艺术实践

雪花纷飞，大地一片银装素裹，一个个可爱的雪人，在小朋友们灵巧的双手下被创造出来了。你也快来用纸浆创造一个自己的小雪人吧！

# 第9课 精巧的亭子

园林像一颗颗璀璨的明珠，将神州大地点缀得格外绚丽夺目。苏州的私家园林在全国乃至全世界都享有盛名。园林中最值得一看的是那些巧夺天工的亭子，它们经常成为艺术家们描绘的对象。

## 佳作欣赏

◀网师园（速写·沈南强·中国）

## 小技法

图 1：用勾线笔在油画框上画出漂亮的亭子。

图 2：将调制好的纸浆进行细致填色，注意保留勾线笔勾勒的轮廓线。

图 3：填色时纸浆厚度要适中，如要表现湖水颜色深浅不一，可以用不同的蓝色做渐变效果。

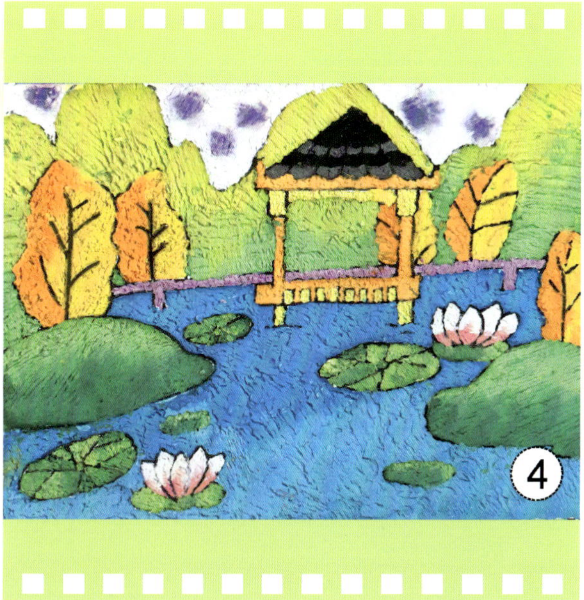


图 4：一座精巧的亭子展现在面前啦！

## 素材库

## 学生作品

◀ 陆雨静（10岁）

▶龚辰希（9岁）

## 艺术实践

尖尖顶、两头翘，朱红柱子真漂亮，这一座座小亭子是多么的精致呀！观察生活中的亭子，试着动手设计一座自己喜欢的亭子吧。

# 第10课　明媚的苏城

俗话说："上有天堂，下有苏杭。"拥有小桥流水人家风景的苏州，是很多人神往的地方。吴冠中用最简单的点、线、面、色和富有节奏及韵律的形式架构，以寥寥几笔勾画出了江南水乡的安宁、庄严和静谧。

## 佳作欣赏

◀平江路（水墨·沈南强·中国）

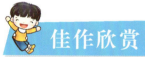

## 小技法

图 1：先用粗的勾线笔在油画框上画出苏州的特色建筑。

图 2：将调好的纸浆在轮廓线内进行细致填色，注意保留勾线笔勾勒的轮廓线。

图 3：在用纸浆进行填色时，需要注意颜色之间的过渡，尤其是在表现虎丘塔与假山石时，颜色渐变要柔和一些。

图 4：填背景时注意纸浆要薄一点，以凸显主体。瞧，一幅明媚的苏城作品就完成啦！

## 素材库

## 学生作品

▲ 孙思齐 (10 岁)

▶唐雨彤（9岁）

◀汪宸萱（10岁）

## 艺术实践

苏州仿若三春少女，人见人爱。小桥流水人家的风光，总是叫人流连忘返。小朋友们，快选择自己喜欢的姑苏风景，用纸浆画的形式描绘一幅你心中的美丽苏城吧！

# 第11课 诗情画意的水乡

水乡美景令人神往，唐代著名大诗人白居易就曾在《忆江南》中写道：“江南好，风景旧曾谙。日出江花红胜火，春来江水绿如蓝。能不忆江南？”

## 佳作欣赏

◀平江路（速写·沈南强·中国）

## 小技法

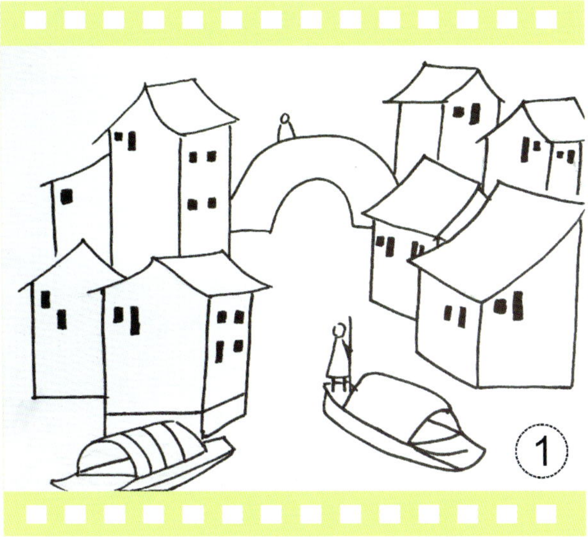


图 1：先用铅笔在油画框里画出水乡景色，再用粗的勾线笔流畅地勾勒。

图 2：将调好的纸浆在轮廓线内进行细致填色，注意保留勾线笔勾勒的轮廓线。

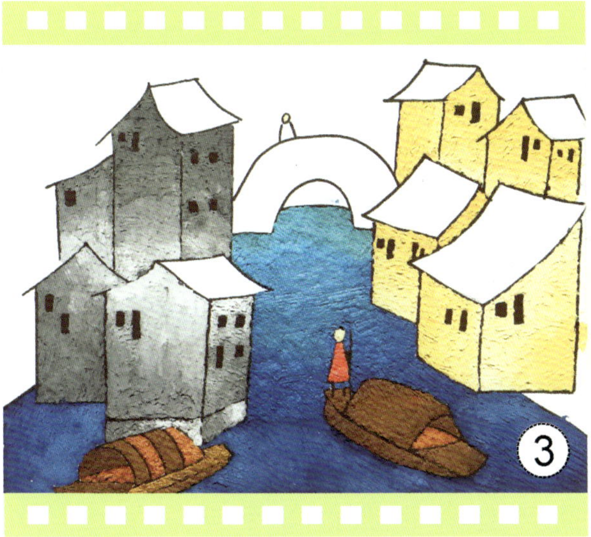


图 3：本幅作品多处使用接色技法，在用纸浆进行填色时，要注意颜色的过渡，尤其是在表现粉墙黛瓦的房屋与湖面时，颜色渐变要柔和，不能生硬。

图 4：前景多以深色为主，在背景的选色上，可以用浅色调的渐变作对比衬托主体。这样，一幅水乡风景图就展现在了面前。

## 素材库

## 学生作品

▲ 刘沭言 (10 岁)

▲郑欣怡（10岁）

▶王依伊、吴沛柔、惠嘉懿（10岁）

## 艺术实践

江南水乡家喻户晓，它的美也让人赞不绝口，看了大师和其他小朋友的作品后，你是不是也跃跃欲试了呢？那就赶紧开始制作一幅你心中的水乡画吧！

# 第12课　别致的圣诞节

每年的12月25日，是基督教徒纪念耶稣诞生的日子，被称为圣诞节。圣诞节期间，小朋友们会装扮好房间，交换礼物，寄圣诞卡，品尝蛋糕，十分热闹！

## 佳作欣赏

◀圣诞快乐（粉笔画·郝超见·中国）

## 小技法

图 1：先用铅笔在油画框上画出玩偶和蛋糕草稿，可以用夸张的手法放大蛋糕画面。

图 2：添加星星作为背景，制造温馨的场景，再用粗的勾线笔流畅地勾勒。

图 3：用调制好的纸浆进行细致填色，填色时纸浆厚度要适中，白色部分要注意保证纸浆的洁净，镊子要洗干净再用，防止串色。

图 4：别致的圣诞节作品就完成啦！

## 素材库

## 学生作品

▶蒋蕙如（11岁）

▲ 蒋语萱（9岁）

## 艺术实践

西方人以红、绿、白三色为圣诞色，红色的圣诞花随处可见，绿色的圣诞树是圣诞节的主要装饰品，上面悬挂着五颜六色的彩灯、礼物和纸花，还点着红色的圣诞蜡烛，红色与白色相映成趣的是圣诞老人。圣诞节即将到来，你准备好了吗？

# 第13课　家乡的夜

当大地渐渐变得安静的时候，夜来香便从高高的墙上探出头来，散发着诱人的芳香。她身旁的树哥哥也陶醉地摇摆着头上的树冠。大街在灯光的照射下，就像一条金腰带向远方延伸而去。熟睡了的江面上倒映着各色霓虹灯。一阵风吹来，画面破碎了，散成小碎片在江面上闪动着。这么美的景色，恐怕只有画家才能表现出来吧！

## 佳作欣赏

◀繁星满天的隆河夜景（油画·梵高·荷兰）

## 小技法

图 1：先用铅笔将家乡的夜在油画框上画出草稿，再用粗的勾线笔流畅地勾勒。

图 2：用调制好的纸浆进行细致填色，注意保留勾线笔勾勒的轮廓线。

图 3：填色时纸浆厚度要适中，保持画面的洁净，每次换色时注意清洗镊子，防止串色。

图 4：在色彩搭配时要注意与背景色有所区分。表现夜空的时候，背景可以用蓝色与紫色进行渐变。

## 小技法

## 学生作品

◀李语涵（12岁）

## 艺术实践

天黑了下来，天空上闪烁着迷离的光点，像是小精灵在天上蹦跳着。夜被灯光点着了，在月亮的衬托下，家乡的夜更美了。你心目中的家乡夜景是什么样的呢？请尝试表现一下吧！

# 第14课　雨中的邂逅

雨中邂逅，浪漫靓丽。
细雨蒙蒙，模糊双眼。
浪漫雨季，偶然遇见，
近眼相看，别有情趣。

## 佳作欣赏

▲巴黎的街道·雨天（油画/居斯塔夫·卡耶博特/法国）

## 小技法

图 1：先用铅笔在油画框上画出草稿，注意两个主体物一定要撑满整个画面，再用粗的勾线笔流畅地勾勒。

图 2：添画背景，用调制好的纸浆在空白处进行细致填色，注意保留勾线笔勾勒的轮廓线。

图 3：填色时纸浆厚度要适中，纸浆水分不宜过多。在做绿色荷叶接色时，注意保持画面的洁净。每次换色时要清洗镊子。

图 4：为了衬托主体物，此幅作品背景用了暖色作接色效果，虽然颜色多，但是依然要注意整幅作品色彩的统一。

素材库

异想天开　创意纸浆
YIXIANG-TIANKAI　CHUANGYI ZHIJIANG

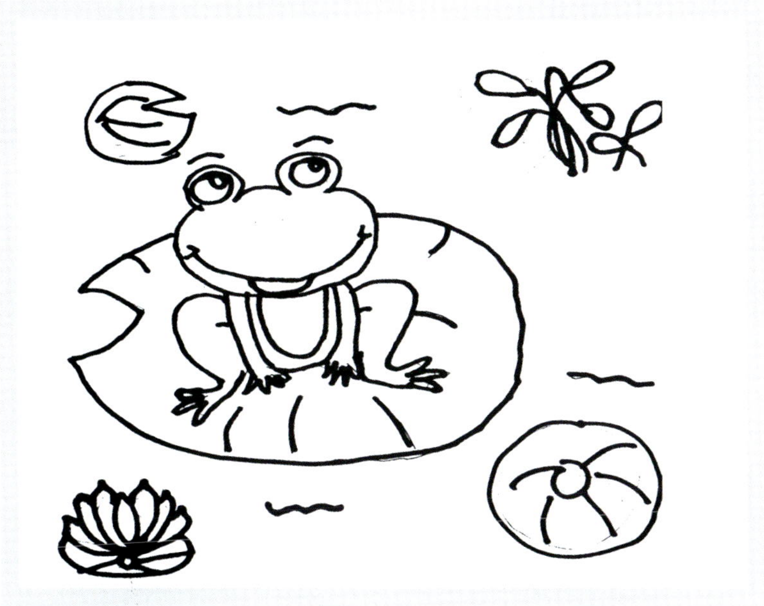

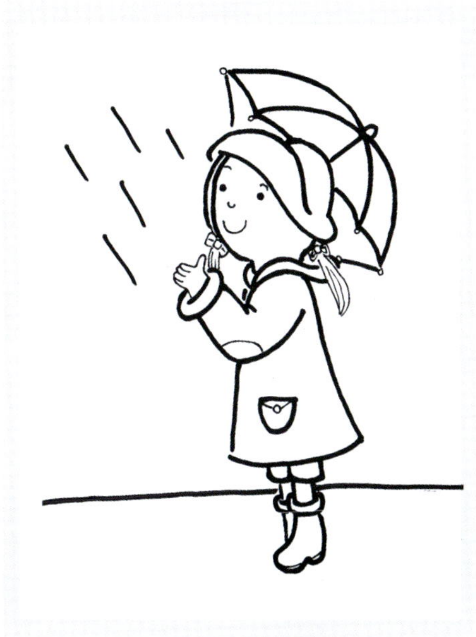

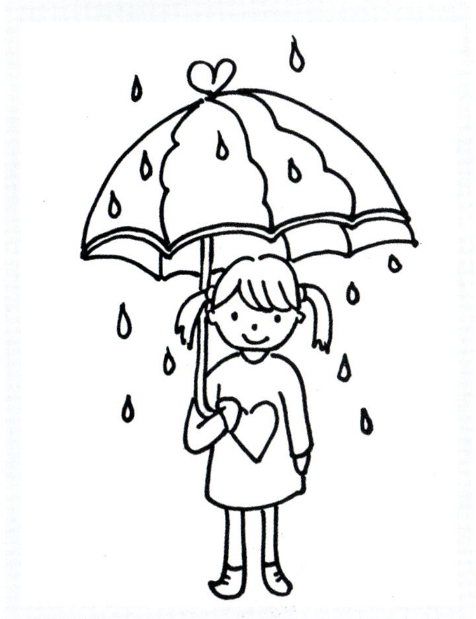

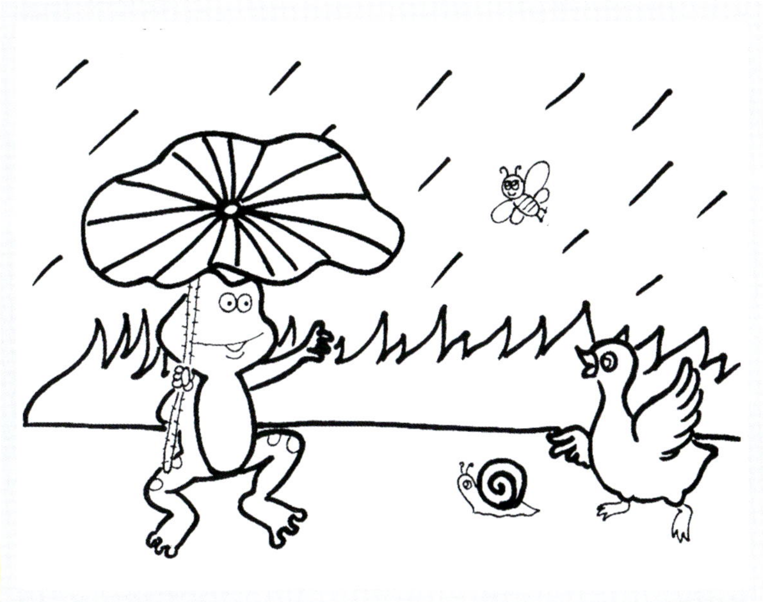

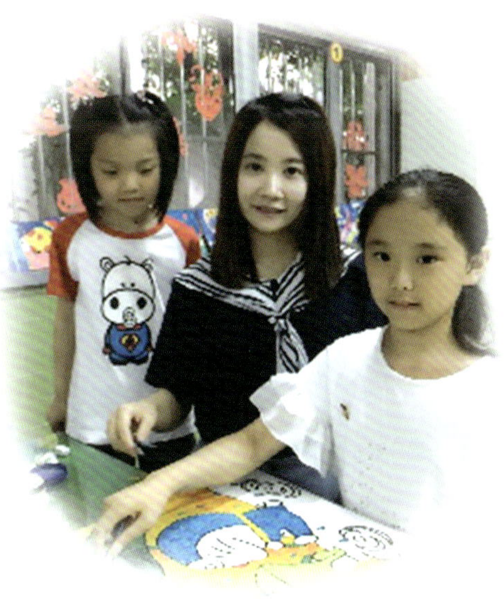

## 学生作品

◀孙思齐（11岁）

## 艺术实践

在很多人看来，晴天心情才会舒坦，然而转念一想，雨季亦可开怀，绵绵雨丝更是释怀的佳物，抛一份烦恼，弃一份感情，捡一份友谊，雨都会与我分享。小朋友，你在雨季会发生什么故事呢？请用纸浆来表现吧！

# 第15课 丰收的季节

丰收的季节，果园里一片喜悦忙碌的景象。饱满的果实挂满枝头，在秋阳的照射下闪着金灿灿的光。田野里到处是丰收的歌声，一阵风拂过，大豆摇起响亮的金铃，高粱举起绯红的火把，稻子在一旁不住地点头。农民伯伯们看到了一年的成果，更是笑个不停。

## 佳作欣赏

◀丰收的季节（油画·梵高·荷兰）

## 小技法

图 1：先用铅笔在油画框上画出草稿，再用粗的勾线笔流畅地勾勒。

图 2：调制不同的绿色纸浆进行细致填色，注意保留勾线笔勾勒的轮廓线。

图 3：填色时纸浆厚度要适中，纸浆要均匀填满空白处，接色处注意过渡要自然。

图 4：整幅作品以绿色与黄色为主，表现采茶时雀跃的内心，色彩艳丽、活泼，让人过目不忘！

## 素材库

## 学生作品

◀刘沐言（11岁）

▲夏昕恬（12岁）

▲桑瑞涵（12岁）

## 艺术实践

当收获的季节来临时，满山满谷尽是成熟粮果的芳香。梯田里清香扑鼻的茶园，山坡上熟透的红苹果、挂满枝头的柿子……我们一起来描绘一幅有关丰收的作品吧！

# 第16课 典雅的青花瓷

青花瓷质地细腻润泽，如雪似玉，又如月光般净白，堪比和氏璧。其质感透薄如纸，柔美清润。图案洁净素雅，青花更是生辉溢彩，韵味飘逸，幽青可爱。

## 佳作欣赏

◀闲暇（工笔·陈岑·中国）

## 小技法

图 1：先用铅笔在油画框上画出草稿，再用粗的勾线笔流畅地勾勒。调制蓝色纸浆进行细致填色，注意保留勾线笔的轮廓线。

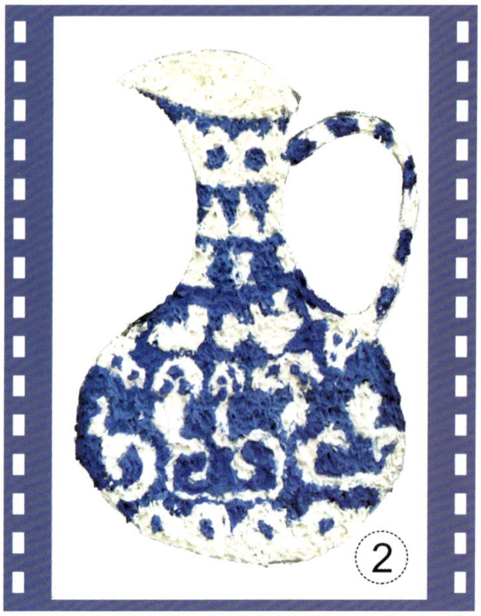


图 2：注意青花瓷花纹的疏密安排和流畅性。填色时要先铺白色，最后铺青蓝色，不然画面要弄脏的哦！

图 3：整幅作品以蓝色为主，表现青花瓷体态圆润玲珑，犹如佳人亭亭玉立，古朴典雅、清新流畅。

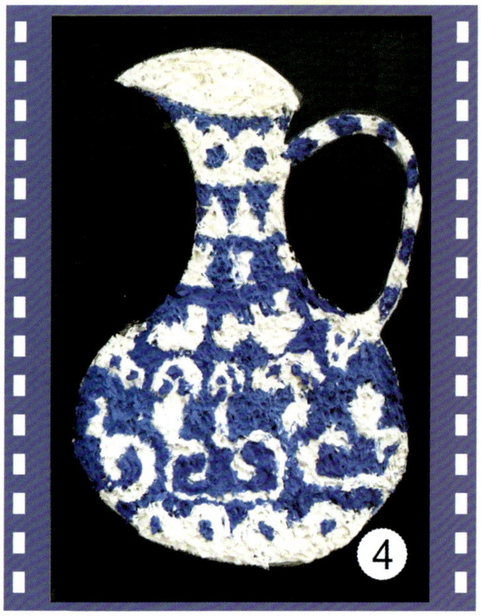


图 4：一幅典雅的青花瓷作品就完成啦！

## 素材库

## 学生作品

▲吴彦瑶(10 岁)

▲金妍琪(10 岁)

◀周若思（11岁）

▶刘若令（10岁）

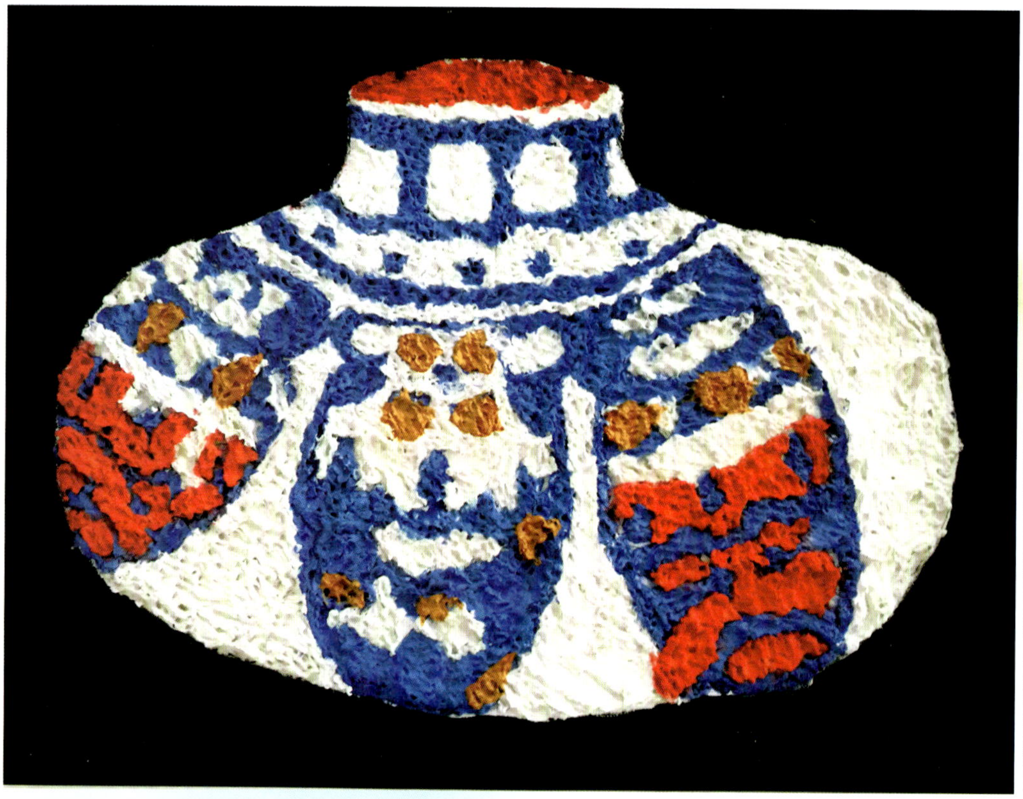

◀马昊月（11岁）

## 艺术实践

青花瓷质地细腻润泽，如雪似玉，色泽如同月光般净白，图案洁净素雅、幽青可爱。让我们来尽情地描摹这传世珍宝的风采吧！

# 第17课　威武的狮子

狮子的眼睛圆溜溜的，牙齿锋利无比，可以像锯子一样把肉撕成一片一片的。它浑身长着金黄色的毛发，看起来威风极了！四只大粗腿特别有力，奔跑起来速度很快。狮子是肉食性动物，非常凶猛，很多动物都怕它。

## 佳作欣赏

▲ 会师东京（国画·徐悲鸿·中国）

## 小技法

图 1：用铅笔在油画框上画出草稿，注意画面的主次安排，主体物狮子要画得大一些。

图 2：用原纸浆铺出凹凸不平的肌理，狮子的纸浆要铺得厚些，背景的纸浆铺得薄一些，有些背景处则不用铺纸浆。

图 3：等原纸浆干透之后，上色时先画基本的色调，再从暗部到亮部逐渐上色，注意颜色之间的衔接。

图 4：背景直接用水粉上色，一只威武的小狮子就完成了。

## 素材库

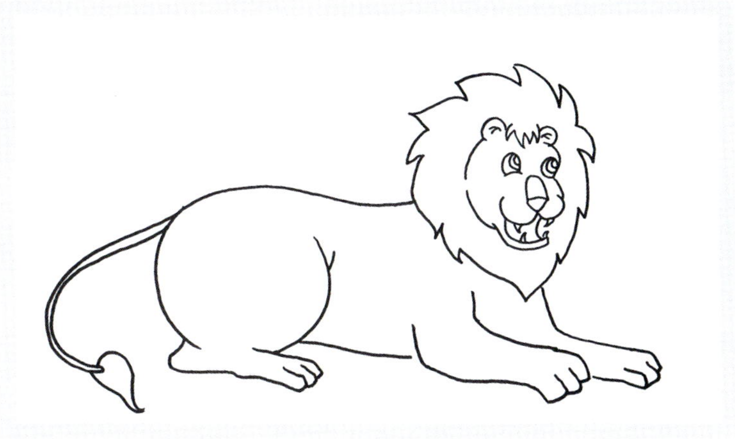

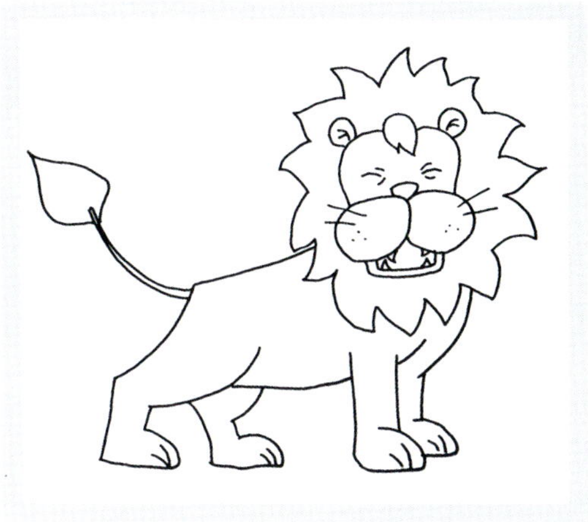

## 学生作品

▲ 彭飞悦、张乐涵、刘若令 (11岁)

▲刘倩倩(11岁)

杨子涵(9岁)▶

## 艺术实践

狮子以它漂亮的外形、威武的身姿、王者般的速度，赢得了“万兽之王”的美誉。请你也来画一只威武强大的雄狮吧!

# 第18课 吉祥喜庆的年画

苏州桃花坞年画是江南地区民间木版年画的代表，因曾集中在苏州城内桃花坞一带生产而得名。其主要表现吉祥喜庆、民俗生活、戏文故事、花鸟蔬果和驱鬼避邪等中国民间传统内容。

## 佳作欣赏

◀花开富贵（版画·张天星·中国）

## 小技法

图 1：用粗的勾线笔流畅地画出年画《一团和气》的线描稿。

图 2：将调制好的纸浆进行细致填色，注意小细节的区分，填色时厚度要适中。

图 3：对于一些无法上纸浆的小细节处，用油漆笔涂色。

图 4：为作品均匀铺上底色纸浆，注意背景色选灰色调，以此烘托主体物。

## 素材库

## 学生作品

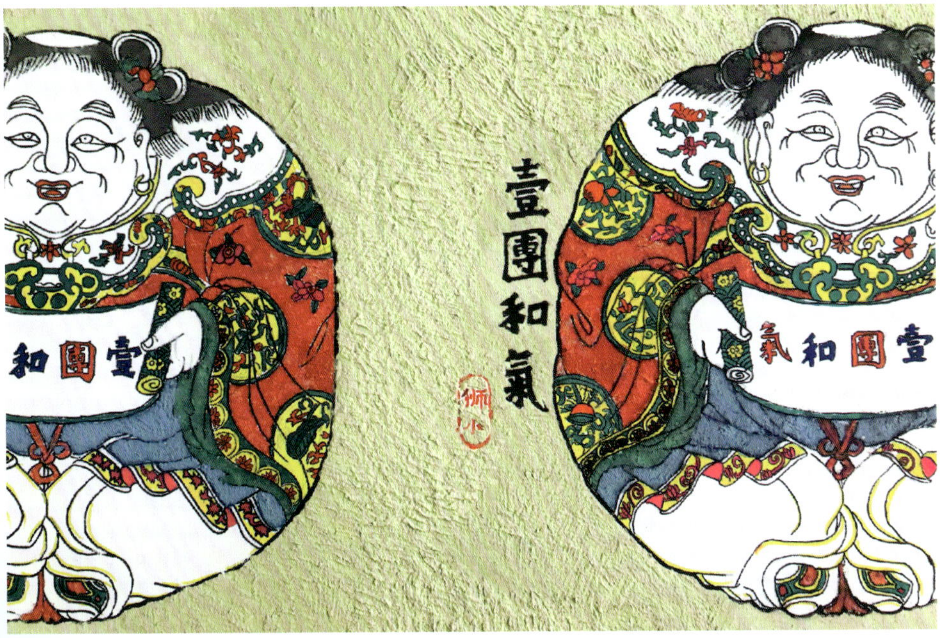


◀姚顾珺、顾刘菲（9岁）

## 艺术实践

年画作为民间的新年祝福用品，充满了喜庆吉祥的寓意，请同学们用手中五彩的纸浆制作一幅自己喜爱的年画吧！

# 第19课 生机勃勃的树林

森林茂密，绿意葱葱；花香鸟语，惬意空灵。枫叶红的不仅是风景，谷粒金黄丰收的不仅是收成。森林是我们赖以生存的第二颗心灵，让我们一起爱护树木、保护森林。

## 佳作欣赏

◀松树林（油画·希施金·俄国）

## 小技法

图 1：先用铅笔在油画框上画出草稿，再用粗的勾线笔流畅地勾勒。

图 2：用原纸浆铺出各种树木的厚薄肌理和其他各种纹理。注意：涂色时接色处的过渡要自然。

图 3：在前后色彩搭配时可以用相邻色作为呼应，使整幅作品色彩和谐。

图 4：一幅生机勃勃的森林图映入眼帘。

## 素材库

## 艺术实践

这里的树，千姿百态，形成了绿色的海洋，漫步林中，仿佛荡舟在绿波之中。让我们一起来描绘一幅有关树林的作品吧！

# 第20课 清雅的水八仙

## 佳作欣赏

◀水八仙（国画·曹潺鸣·中国）

## 小技法

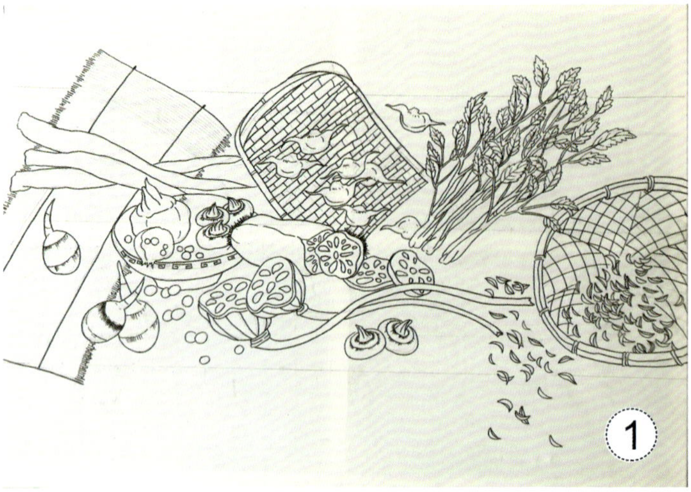

◀ 图 1：用铅笔在油画框上画出水八仙的草稿，注意物体与物体之间的遮挡及比例关系，用粗的勾线笔流畅地勾勒。

图 2：将原色纸浆薄薄地铺在画框上，注意纸浆的厚薄要均匀。接着把一些有立体感的事物做出浮雕效果，如慈姑、荸荠、芡实、箩筐等。注意每样事物肌理的处理。在等待纸浆干的过程中，把上下部的蓝印花布用丙烯颜料画好。▶

◀ 图 3：使用丙烯颜料涂色，注意前后颜色之间的关系，衔接过渡要自然。由于铺纸浆的部分比较粗糙，吸水较快，所以调色的时候水分要多一点。

图 4：毛笔蘸墨勾勒出细节，注意墨色的浓淡变化，线条要轻松自然。▶

## 素材库

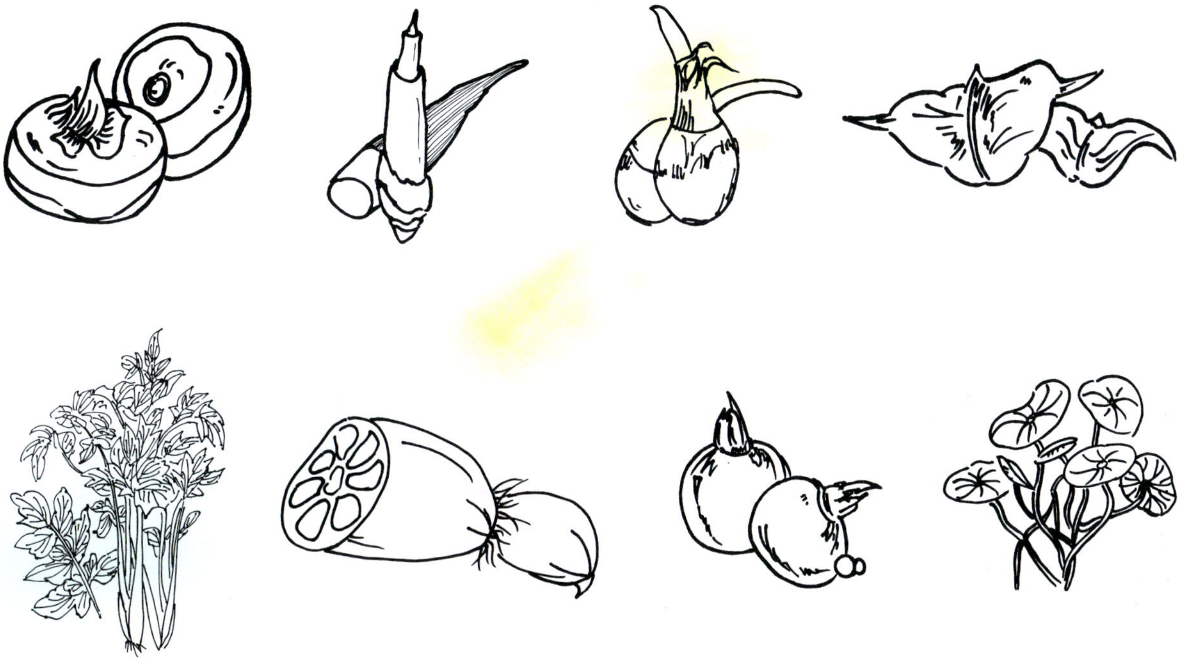

## 学生作品

▲蒋蕙如、唐雨彤、刘沭言（11岁）

## 艺术实践

横山荷花塘的藕，南荡的芡实，梅湾的吕公菱，葑门外黄天荡的荸荠、莲藕，加上慈姑、茭白、水芹等，这些各具营养价值和经济价值的水生经济作物闻名遐迩，不仅与人们的日常需求相契合，也是苏州鱼米之乡的最好凭证。赶快拿起画笔，让那些植根于我们记忆的江南水乡精灵，能长长久久、生机勃勃地再现出来。

# 第21课 怡人的风光

远离城市的喧嚣，远离俗世的浮华，心灵的一片净土在这里得到升华。平如镜的水面在这里静养，俊而秀气的山峰在这里休憩，高飞的鸟儿在这里翱翔，湛蓝的天空深情地挽着白云俯瞰这和谐的大地。

## 佳作欣赏

▲森林之歌(油画·希施金·俄国)

## 小技法

图 1：先用铅笔在油画框上画出草稿，再用粗的勾线笔流畅地勾勒。调制不同的绿色纸浆进行细致填色，注意保留勾线笔勾勒的轮廓线。

图 2：在填充过程中用纸浆做出山石、天地、树木的不同肌理,注意厚薄的处理。

图 3：在前后色彩搭配时可以用相邻色作为呼应，使整幅作品色彩和谐。

图 4：一幅怡人的风光就完成啦！

## 素材库

## 学生作品

▲徐一催(13 岁)

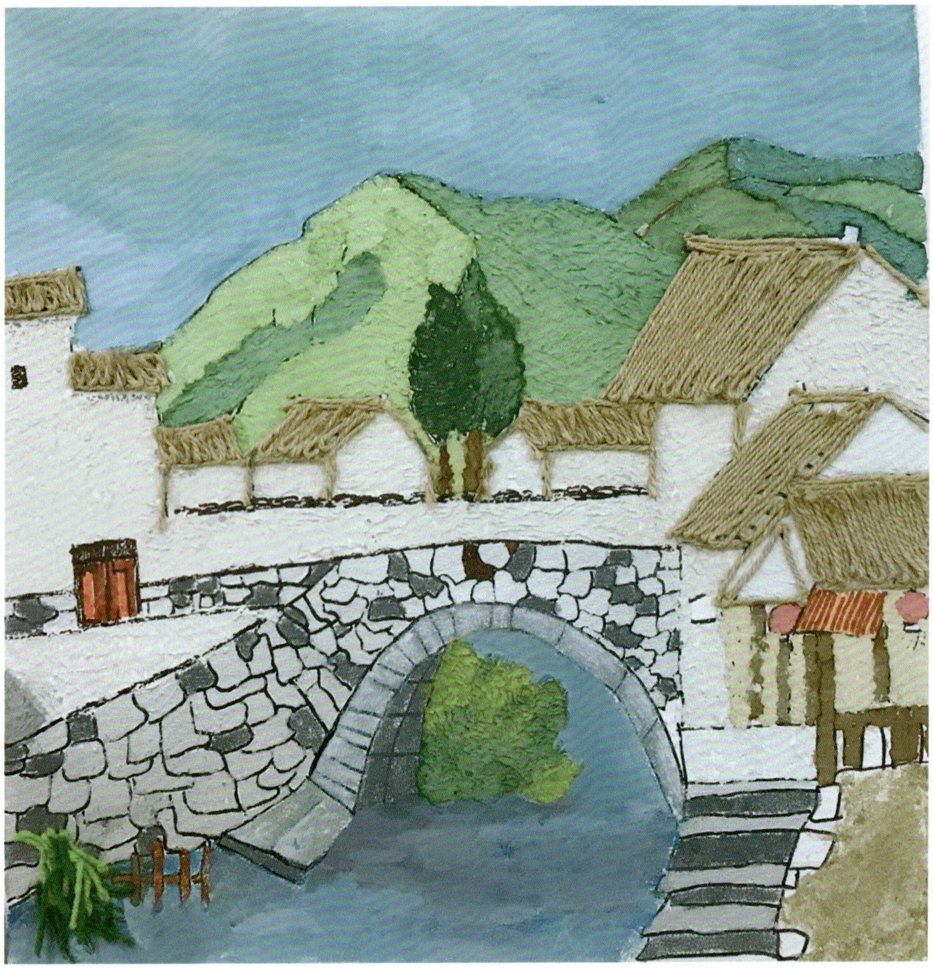

▲ 唐子怡、沈奕轩（9 岁）

## 艺术实践

大自然的风光真美呀！天空碧蓝，佳木成荫，山花烂漫。美丽的风景总是让我们流连忘返，心旷神怡。快拿起画笔，画出你心中最美的风景吧！

# 第22课 遒劲的胡杨

回疆竹枝词(二十四)

树窝随处产胡桐，
天与严寒作火烘。
乌恰克中烧不尽，
燎原野火四围红。
(林则徐)

## 佳作欣赏

▲胡杨林(彩笔画·吴书杰·10岁)

## 小技法

图 1：用铅笔在油画框上画出草稿，请注意画面的主次安排，主体物要画大一些。

图 2：用纸浆铺出画中厚薄的肌理，等纸浆干后再上色，从最重的颜色画起，从暗部到亮部逐渐上色，注意颜色之间的衔接。

图 3：在前后色彩搭配时可以用相邻色作为呼应，使整幅作品色彩和谐。

图 4：一幅遒劲的胡杨画作完成啦。

## 素材库

## 学生作品

▲马昊月(12 岁)

## 艺术实践

在大漠，胡杨用一份执着将对生命不悔的热爱发挥到了极致。干枯的枝条，像母亲苍白的银发，诉说着几经飞沙走石的沧桑；枯而未朽的树干，像母亲弯弯的脊背，满载着生命的给养。快用你手中的纸浆，记录胡杨那遒劲的姿态吧！

# 第23课 健壮的大象

“耳朵像蒲扇，身子像小山，鼻子长又长，帮人把活干。”你们猜它是什么动物？没错，它就是健壮的大象。

## 佳作欣赏

象（色粉画·郝超见·中国）

## 小技法

图 1：先用铅笔在油画框上画出草稿，再用粗的勾线笔流畅地勾勒。

图 2：用纸浆铺出大象头部的肌理，要抓住大象的特征。

图 3：等纸浆干了，调出大象的颜色进行涂色。注意：接色处的过渡要自然。

图 4：一只健壮的大象就完成了！

## 素材库

## 学生作品

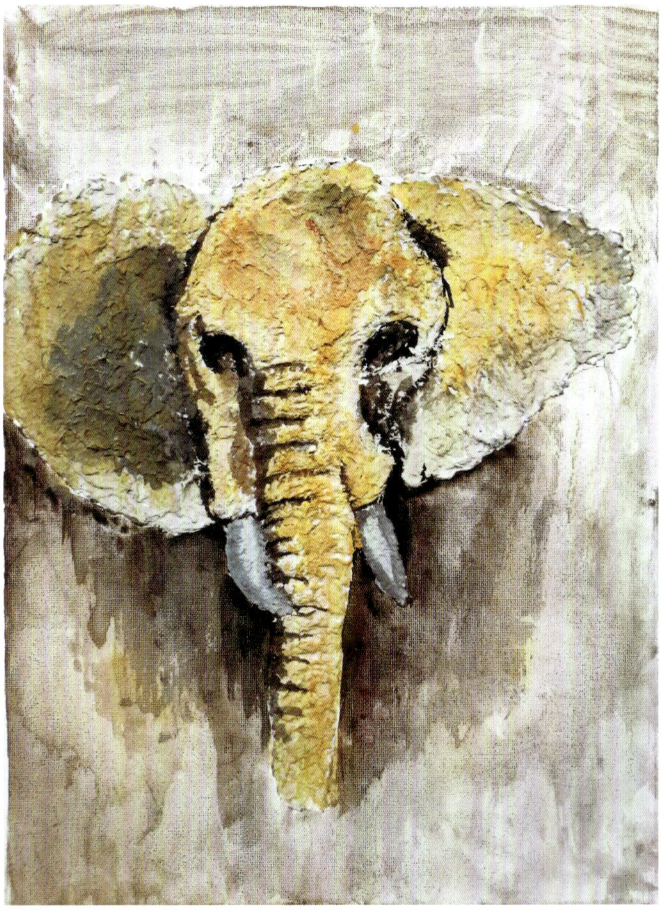

▲沈格宇（12 岁）

## 艺术实践

大象有着影壁似的身体，柱子似的腿，蒲扇似的耳朵，玉石树脂似的大牙，什么都给人一种大得出奇的感觉。快用你学过的技法来绘制一幅大象的纸浆画吧！

# 第24课 婉转悠扬的昆曲

昆曲艺术历史悠久，她源于14世纪中国的苏州昆山，原名“昆山腔”，简称“昆腔”，是我国传统艺术中的珍品，戏曲百花园中的一朵兰花。它的剧目丰富多彩，文辞华丽典雅，曲调清逸婉转，舞姿细腻优美，武功技艺卓绝，表演情真意切，富于诗的意蕴、画的风采，熔诗、歌、舞、戏于一炉，在中国文学史、戏曲史、音乐史、舞蹈史上都占有重要的地位。

## 佳作欣赏

◀游园（国画·钟庆辉·中国）

## 小技法

图 1：先用铅笔在油画框上画出草稿，注意人物的比例关系和动态，再用粗的勾线笔流畅地勾勒。

图 2：用原纸浆铺整体，但需考虑好厚薄问题。比如这幅画中人物的脸部和手，由于这两个部位的皮肤比较细腻，不适合用纸浆，便直接用颜色画出来。等纸浆干后再上色。

图 3：先铺出大的色块，注意前后颜色之间的关系，衔接过渡都要做好。由于铺纸浆的部分比较粗糙，所以在调颜色的时候水要多一点，以便快速铺出大的色块。

图 4：铺好大的色块之后进入细致刻画阶段。一幅画要有主次，不能面面俱到，这幅画主要是刻画人物的头部（五官、头饰）和手部。

## 素材库

## 学生作品

叶安妮（12岁）

## 艺术实践

昆曲，是古代文人和曲家心血的结晶，我们能从她咿呀的唱腔中听见风婆娑着竹叶，看见雨亲吻着芭蕉，感受到满地的白雪正在那儿“皑皑轻趁步，翦翦舞随腰”。如此婀娜多姿的舞步，你是否也想表现呢？

# 第25课　纸浆无极限

废旧的报纸，塑料瓶，硬纸板，泡沫……如何让废弃的垃圾重生？孩子们有妙招。“没有做不到的，只有想不到的。”让我们畅游在纸浆的世界里，用纸浆来装点美好的生活。

## 佳作欣赏

梅花
墙角数枝梅，
凌寒独自开。
遥知不是雪，
为有暗香来。
何思彤

## 小技法

蛋糕制作小技法：收集大大小小的废旧纸盒，用白胶粘在一起，做好蛋糕底座的形状。再用铅笔设计蛋糕的颜色与图案，最后铺彩色纸浆。

废旧鞋子设计小技法：收集家里不穿的废旧鞋子，用丙烯颜料涂一层底色。根据鞋子的形状设计不同的颜色与图案，铺彩色纸浆，适当与其他材料相结合进行装饰。

废旧瓶子设计小技法：收集废旧瓶子，根据瓶子的形状进行设计，然后用彩色纸浆泥铺出肌理与纹路，适当与其他材料相结合进行装饰。

异想天开　创意纸浆
YIXIANG-TIANKAI　CHUANGYI ZHIJIANG

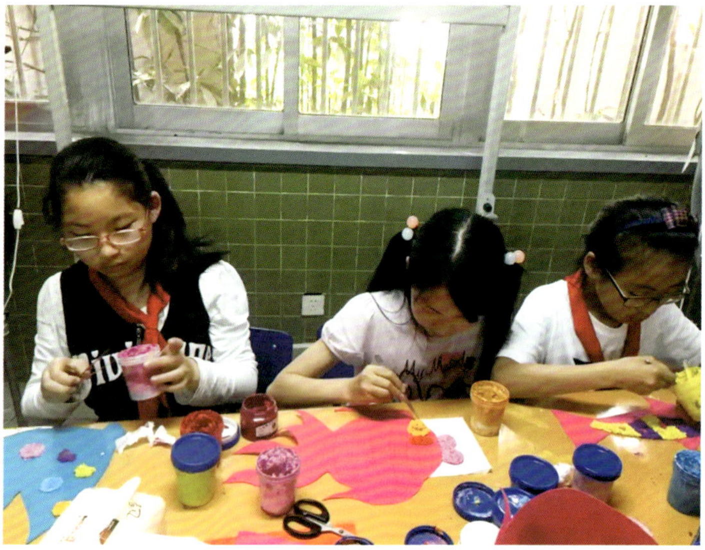

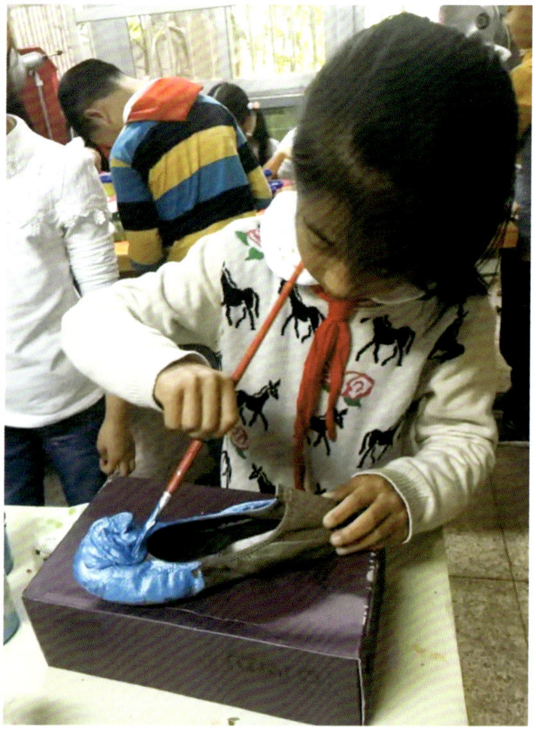

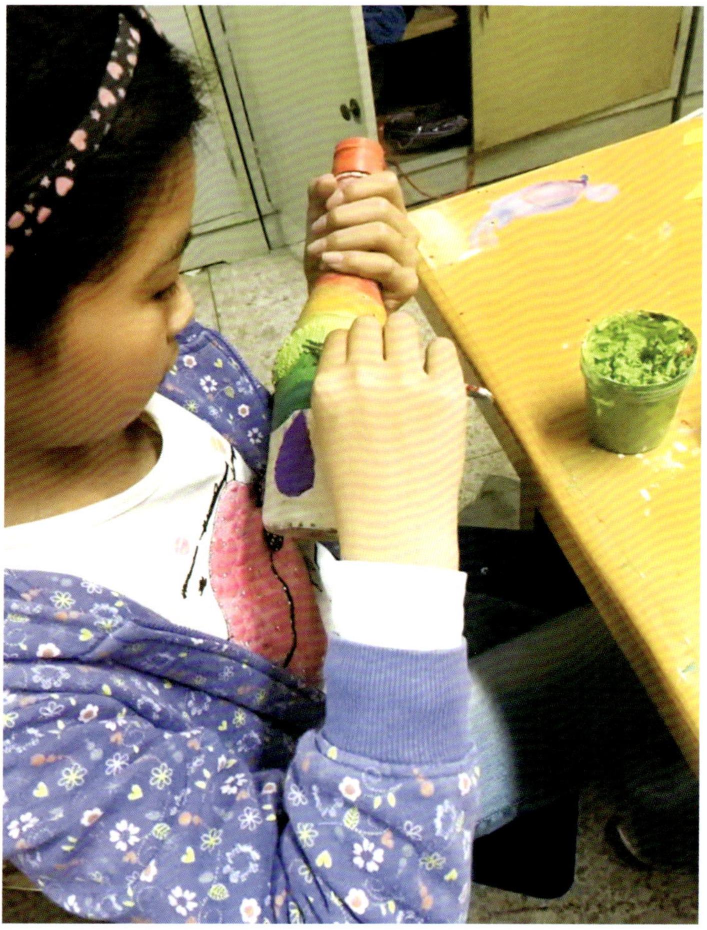

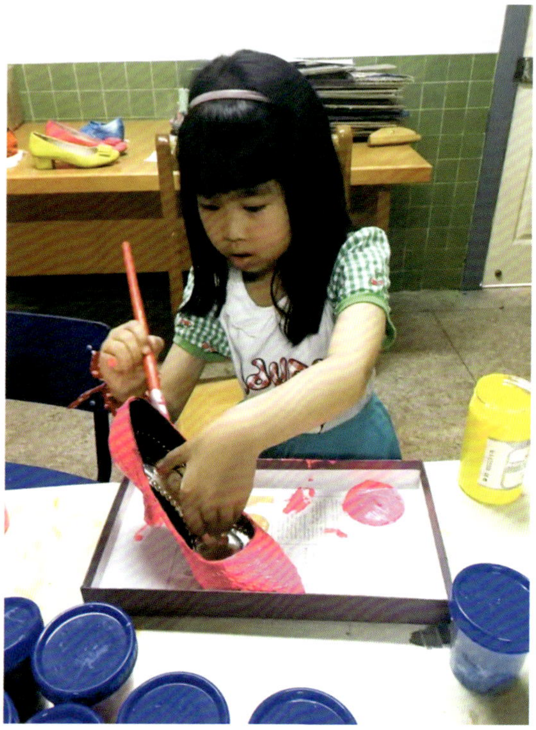

## 艺术实践

生活中还有很多被我们遗忘的废旧物品，让我们用灵巧的双手，以纸浆为媒介，去美化、去创造，让环保的理念深深植根在我们的心中。你打算怎样变废为宝，设计有意义的作品呢？

# 优秀纸浆作品欣赏

▲ 四月芳菲

▲ 蕴

▼ 小憩

异想天开 创意纸浆
YIXIANG-TIANKAI CHUANGYI ZHIJIANG

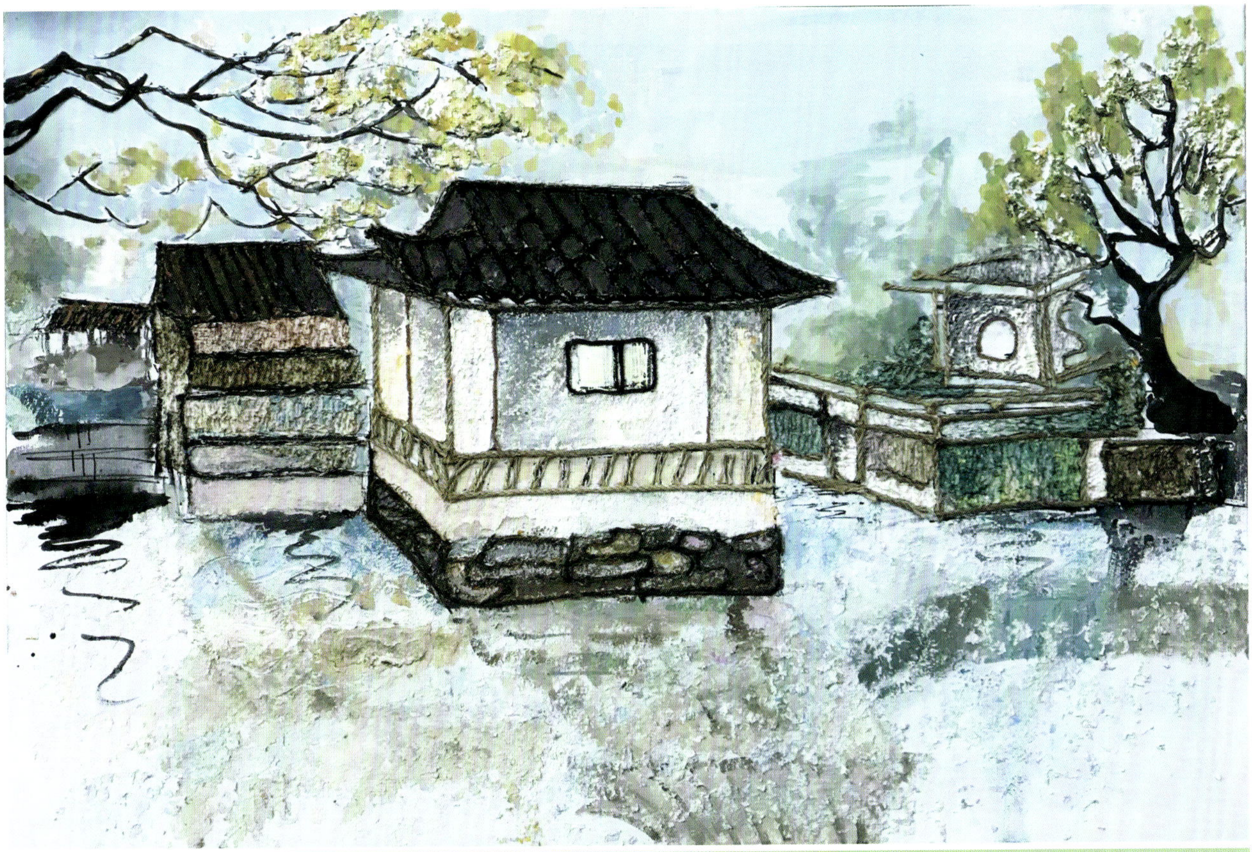

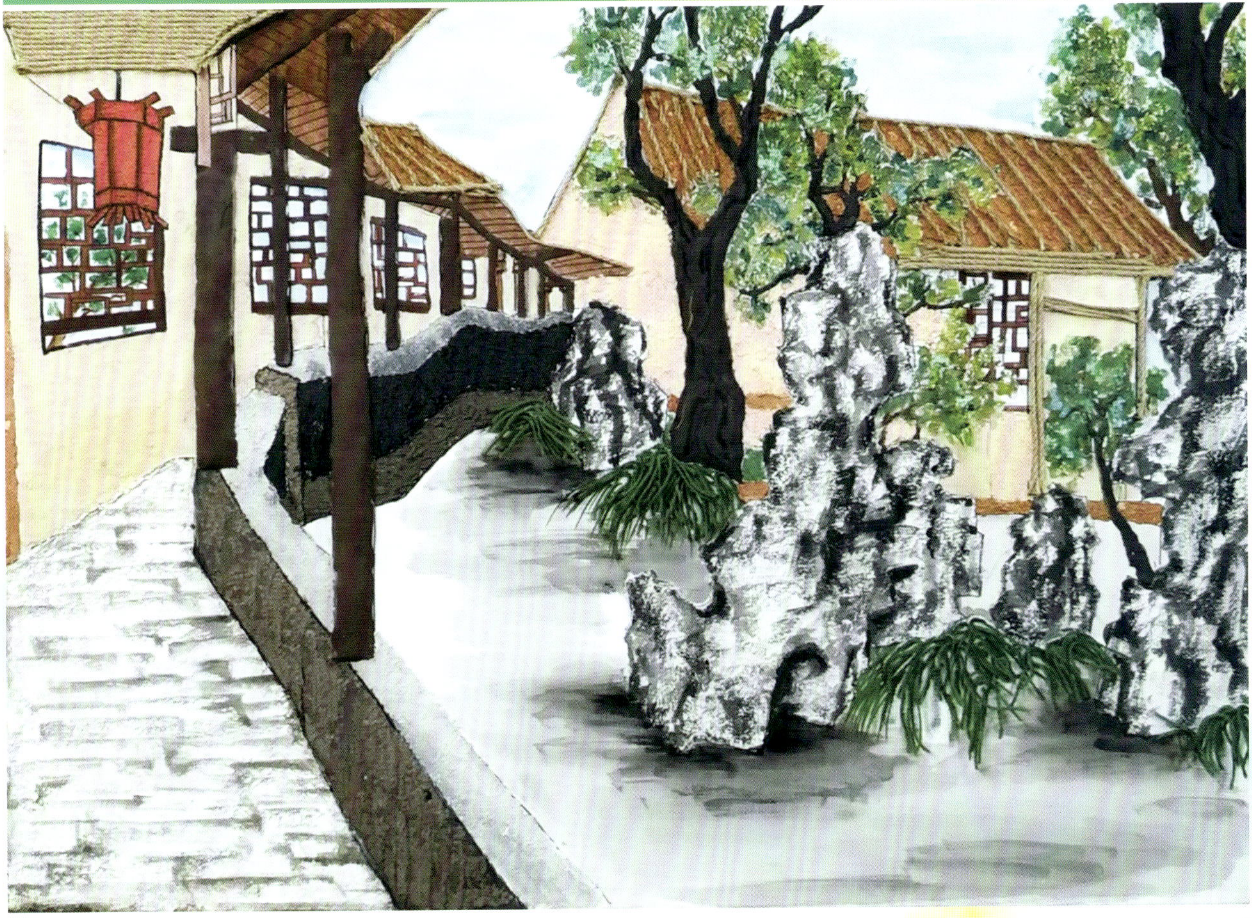

▲ 绽放

▲ 致敬大师

▶平江春色

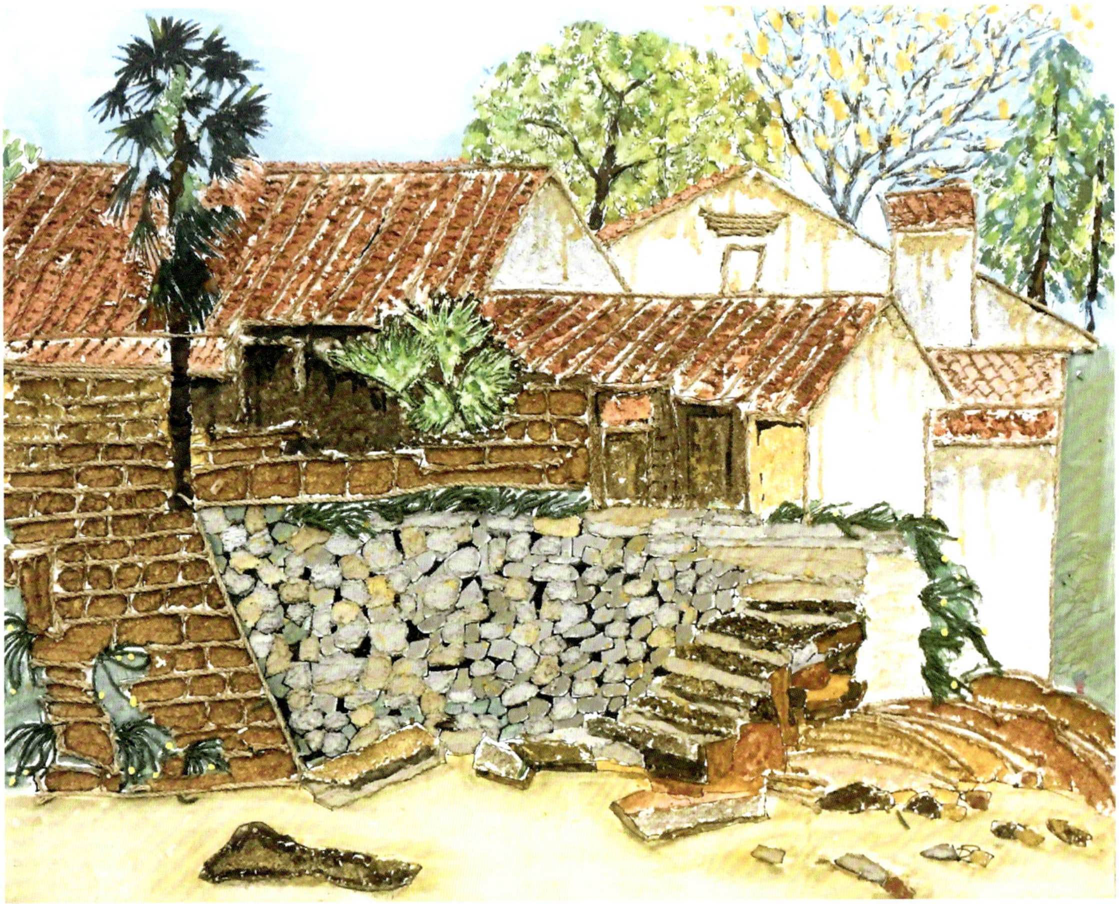

◀老房子

▲ 古村印象

▲ 风景旧曾谙

▶往事沉封

◀怀旧印象